Collection de M. J.-J. C***

TABLEAUX

MODERNES

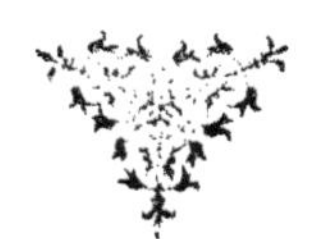

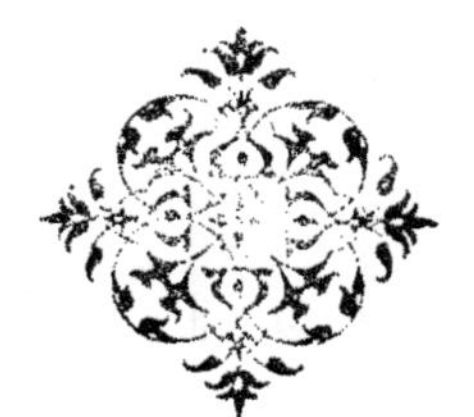

Collection de feu M. J.-J. C...

TABLEAUX MODERNES

CONDITIONS DE LA VENTE

Elle sera faite au comptant.

Les acquéreurs paieront *dix pour cent* en sus des enchères.

Paris — Imprimerie Georges Petit, 12, rue Godot-de-Mauroy. — 31177 11

CATALOGUE

DES

TABLEAUX

MODERNES

PAR

BROWN N.-F., CAZIN, CHAPLIN, CHINTREUIL, COROT
COURBET, DAUBIGNY, DIAZ, FROMENTIN
HARPIGNIES, HENNER, HUGUET, ISABEY, JACQUE, MARIS, FAURE
LÉPINE, L'HERMITTE, GAGNY, VAN..., VOLLON
PETTEL, TASSAERT, ZIEM

Composant la

Collection de feu M. J.-J. C...

ET DONT LA VENTE
AUX ENCHÈRES PUBLIQUES, APRÈS DÉCÈS, AURA LIEU A PARIS

HOTEL DROUOT, SALLE N° 6

Le Vendredi 31 Mars 1911

Me F. LAIR-DUBREUIL   Me HENRI BAUDOIN
Commissaire-priseur
PARIS

EXPERTS

M. GEORGES PETIT   M. J. ALLARD

EXPOSITIONS

PARTICULIÈRE : *Le Mercredi 29 Mars 1911, de 1 h. 1/2 à 6 h.*
PUBLIQUE : *Le Jeudi 30 Mars 1911, de 1 h. 1/2 à 6 h.*

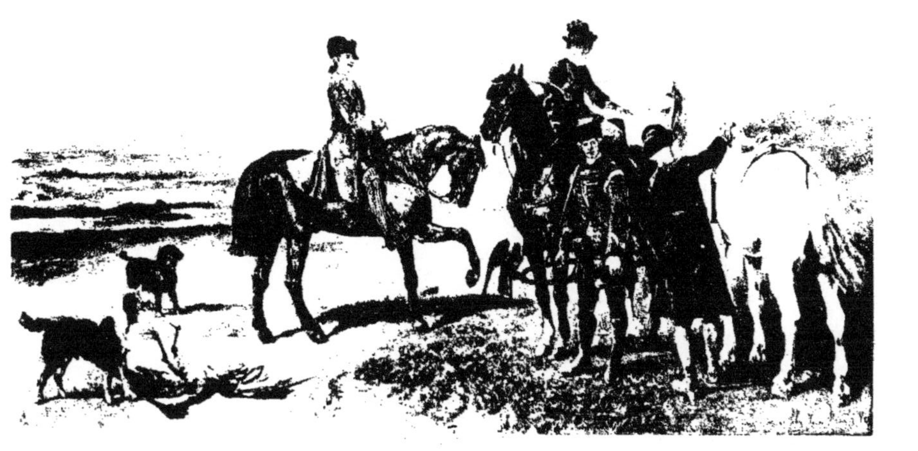

Tableaux Modernes

BROWN

JOHN-LEWIS

I — *Chasse au faucon.*

Les cavaliers se sont donné rendez-vous au bord de la mer. Dans la partie médiane du tableau, près du fauconnier debout, à pied, une jeune femme, en selle sur un cheval bai brun et vêtue d'un costume rouge, tient sur son poing un faucon. Derrière elle, un cavalier en habit rose, en selle sur un cheval bai cerise, la regarde avec attention. A droite, un homme en vêtement noir s'apprête à monter en selle sur un cheval blanc. A gauche, deux chiens sont arrêtés près d'un oiseau mort.

Le ciel est bleu avec de grands nuages.

Signé à droite, en bas : *John-Lewis Brown, 1878.*

Collection de M. Murietta, de Londres.

BROWN

JOHN-LEWIS

2 — *Dans la campagne.*

Aquarelle en forme d'éventail.

Signé à droite, en bas : *John-Lewis Brown, 1881.*

Haut., 16 cent.; larg., 60 cent.

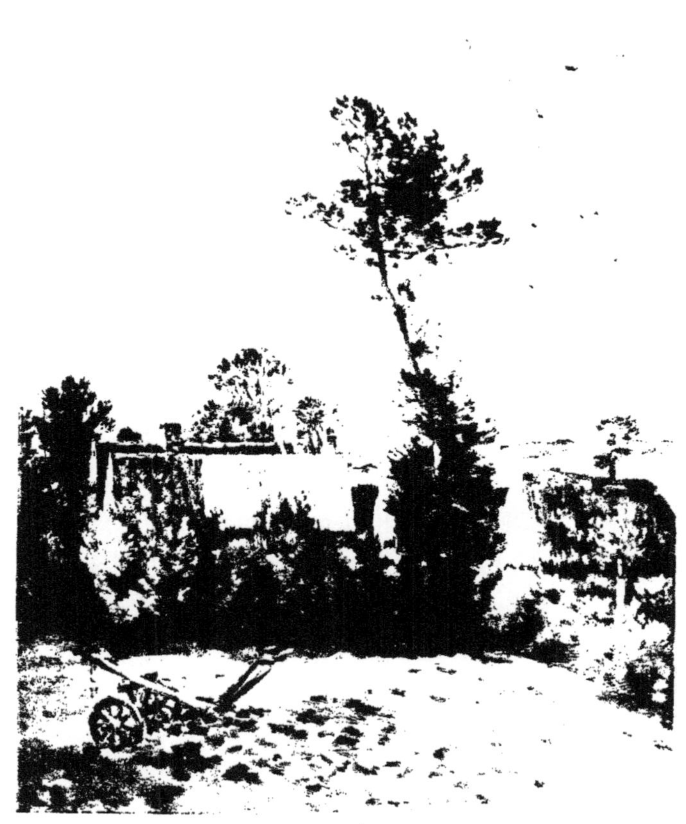

CAZIN

3 — *Le Champ devant la ferme.*

Au premier plan, le champ au sol récemment fouillé.
La charrue, dételée, demeure avec son soc enfoncé
dans le sillon. Ce champ est bordé d'une haie que
domine un arbre au panache léger qui se silhouette
sur l'écran du ciel d'azur largement ennuagé de blanc.
Plus haut que la haie, on aperçoit au fond, puis, à
droite, les toitures des chaumières.

Signé à droite, en bas : *J.-C. Cazin.*

Toile. Haut., na cent., larg., na cent.

CHAPLIN
CH

4 — *La Jeune fille aux fleurs.*

Elle est assise de profil à droite. en corsage rosé. largement décolleté : de ses cheveux noirs coiffés en chignon s'échappent des frisettes. Elle a un ruban blanc noué autour du cou. et elle porte de sa main droite relevée quelques roses. qu'elle a puisées dans un panier que sa main gauche retient sur ses genoux. La figure se détache sur un fond clair.

Signé à gauche. en bas : *Ch. Chaplin*.

Toile. Haut. 45 cent. larg. 37 cent.

CHINTREUIL

5 — *Le Bûcheron.*

A gauche, à l'entrée du bois, le bûcheron en blouse rouge et pantalon gris vient de s'attaquer à une branche de saule ; quelques arbres aux écorces luisantes portent un feuillage roussi par l'automne. A droite, au fond, de l'autre côté d'un pré vert, il y a un bois aux grands arbres mordorés. Le croissant de la lune apparaît dans le ciel bleu.

Signé à gauche, en bas : *Chintreuil.*

Toile. Hauteur ... cent. ; largeur ... cent.

COROT

6 — *Le Matin.*

Dans la campagne, les bêtes sont à paître. A droite
un bouquet d'arbres aux frondaisons légères : à gauche,
un pli de terrain boisé, et vers l'horizon, le jour qui se
lève, mettant un reflet doux dans le frisson d'une petite
mare.

Signé à droite, en bas.

Toile. Haut., 21 cent.; larg., 35 cent.

Collection de M. P. Chavane, de Dijon.
Exposition du centenaire de Corot.

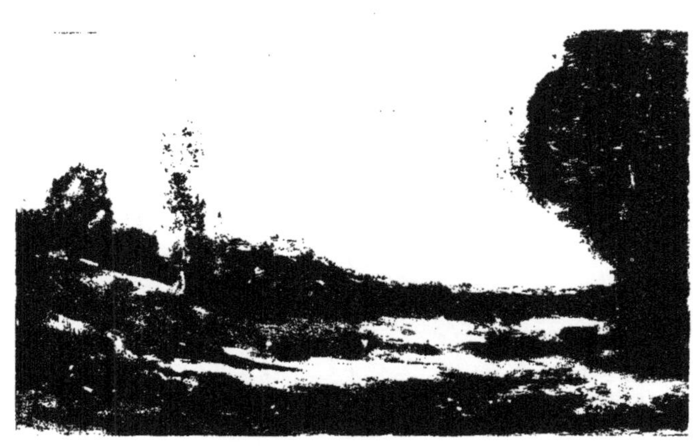

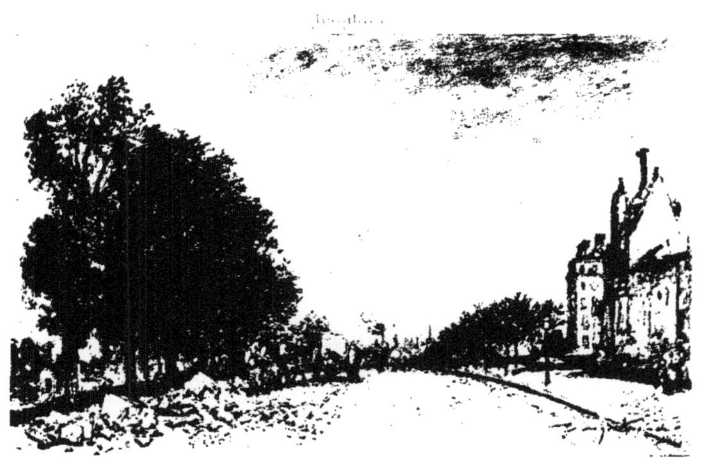

COURBET

7 — *Le Château d'Ornans.*

Au premier plan, la rivière, aux eaux pleines des
reflets empruntés au ciel d'azur, coule le long des maisons, et fait tourner les roues des moulins ; des constructions apparaissent à droite au pied de la montagne que
dominent d'autres bâtiments. Au fond, le petit pont
de pierre semble rejoindre à l'aide de ses deux arches
les groupes des maisons qui s'alignent de chaque côté
de la rivière. Au premier plan, à gauche, la berge légèrement relevée est plantée de grands arbres aux frondaisons épanouies. Au milieu une barque est amarrée
près d'une berge empierrée. Au fond, plus haut que la
ville, il y a des montagnes au sol verdoyant sous un ciel
bleu qui s'illumine à l'horizon.

Signé à droite en bas : *G. Courbet, 69.*

Toile. Haut. 60 cent. ; larg. 73 cent.

Collection Mazaroz, 1890.
Collection d'Yanville, 1907.
Collection Zelikine, 1908.

DAUBIGNY

8 — *Le Village au bord de la rivière.*

A gauche, au sommet d'un pli de terrain, les fermes et les chaumières alignent leurs murs au crépi gris, coiffés de toitures aux tuiles brunes. En avant de ces constructions, il y a un beau massif d'arbres qui dressent leurs frondaisons épaisses vers le ciel magnifiquement lumineux. Le sol, qui descend en pente douce jusqu'à la rivière, est tout vêtu d'herbes vertes et de fleurettes. A droite, on aperçoit la rivière à l'eau frissonnante pleine de reflets. Près de la berge, une barque est amarrée. De l'autre côté du cours d'eau, le sol herbeux et boisé se relève en une ligne de collines.

Signé à gauche, en bas : *Daubigny*.

Panneau. Haut, 38 cent.; larg., 66 cent.

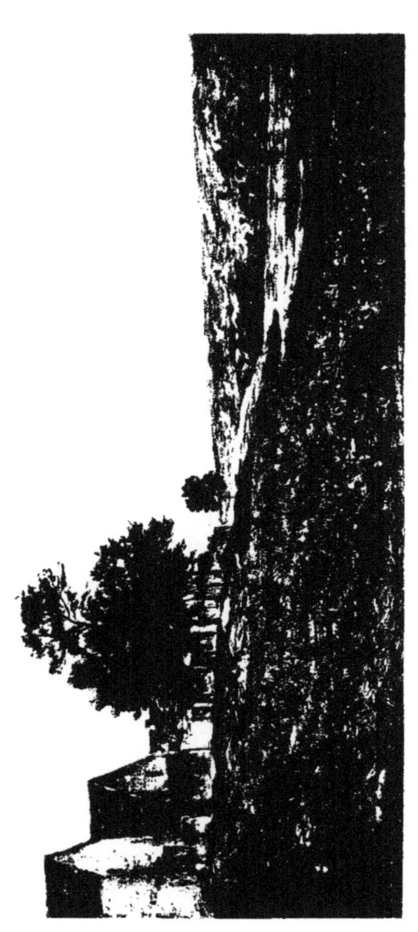

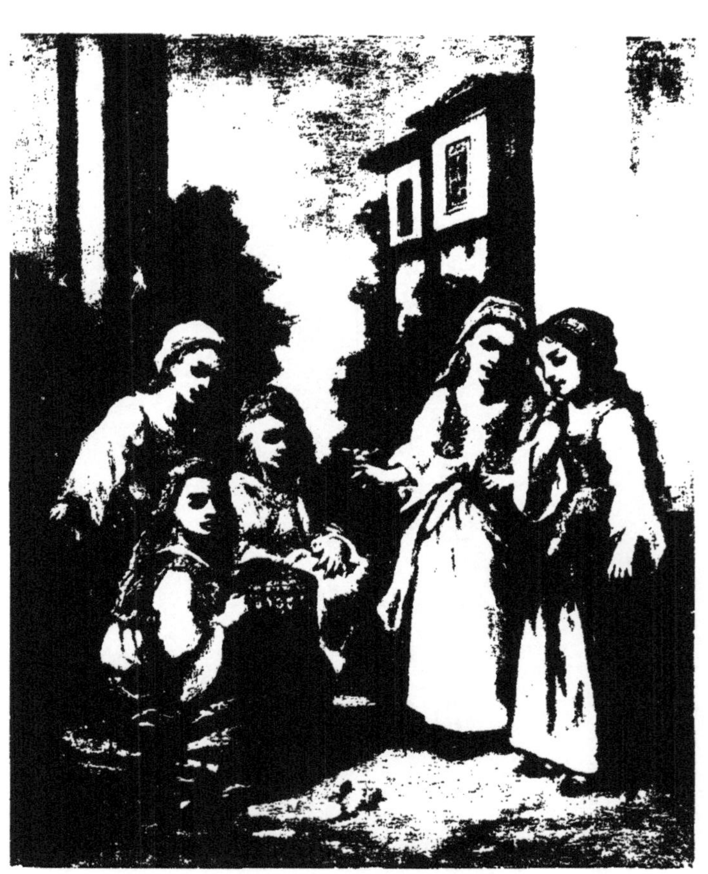

DIAZ

9 — *Filles d'Orient.*

Sous l'arcade qui s'ouvre au soleil et laisse apercevoir,
entre ses montants de pierre. les constructions émergeant
des frondaisons vertes. et vivement illuminées sous
un ciel d'azur. cinq fillettes en costume oriental sont
réunies. A gauche. un premier groupe est formé par
trois de ces fillettes. la première assise sur un coussin
et tenant près d'elle une cage d'osier. la seconde assise
de face. la troisième debout derrière les deux autres.
Le groupe de droite est formé des deux autres fillettes.
debout. l'une vue de face et tenant une perruche sur
l'index de sa main droite. l'autre vue de profil. la tête
légèrement inclinée et la main droite portée au menton.
le bras ployé. Ces figures enfantines se détachent en
lumière sur un enchantement de rouge. de rose. de
blanc, de jaune. de bleu. de broderies d'or. de sequins
papillotants. etc.

Signé à gauche, en bas : *N. Diaz.*

Toile. Haut., 47 cent.; larg., 59 cent.

FROMENTIN

(EUG.)

10 — *Rencontre de cavaliers arabes.*

Dans le défilé, bordé à droite et à gauche par de
titanesques murailles de granit, les hommes se sont
rencontrés, piétons et cavaliers, et ils luttent à coups de
pistolet et de fusil. Déjà, l'un d'eux, dont le cheval
blanc est blessé mortellement, a mordu la poussière. Un
autre, monté sur un cheval isabelle qui se cabre, va
payer de sa vie son courage qui point ne recule, et deux
autres luttent encore désespérément. Au fond, on aperçoit quelques figures dans la montagne. Entre les roches,
le ciel apparaît très bleu avec un vol de grands nuages
blancs.

Signé à droite, en bas : *Eug. Fromentin*, et daté à
gauche, en bas : *1872*.

Toile. Haut., 1 m. 10; larg., 72 cent.

Vente Eugène Lyon, de Bruxelles.
Vente Ch. Viguier.

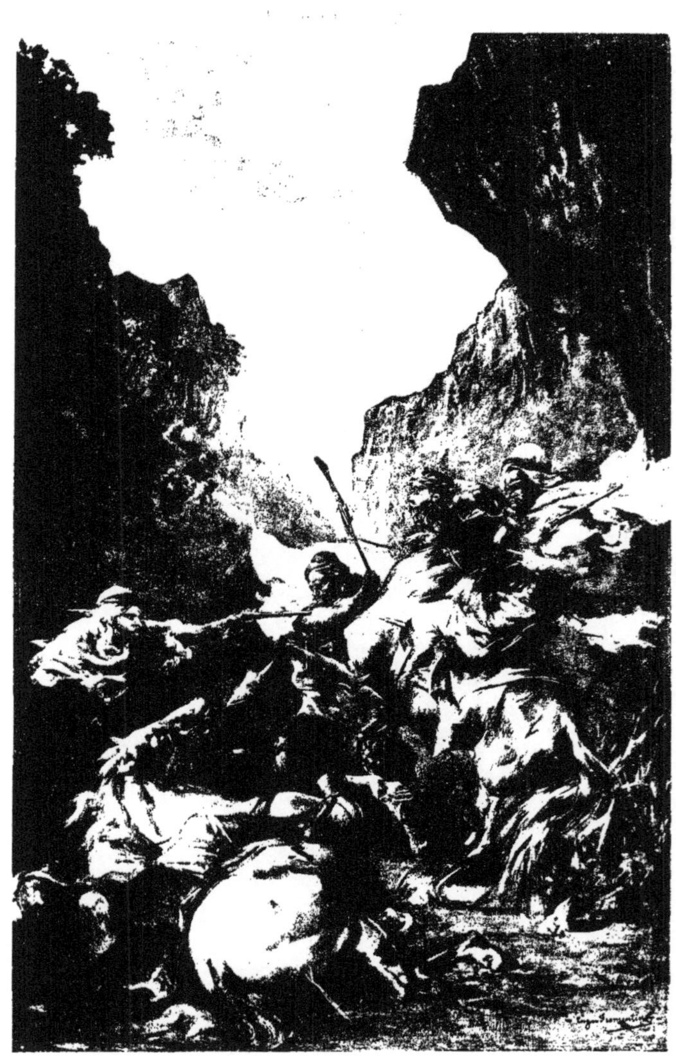

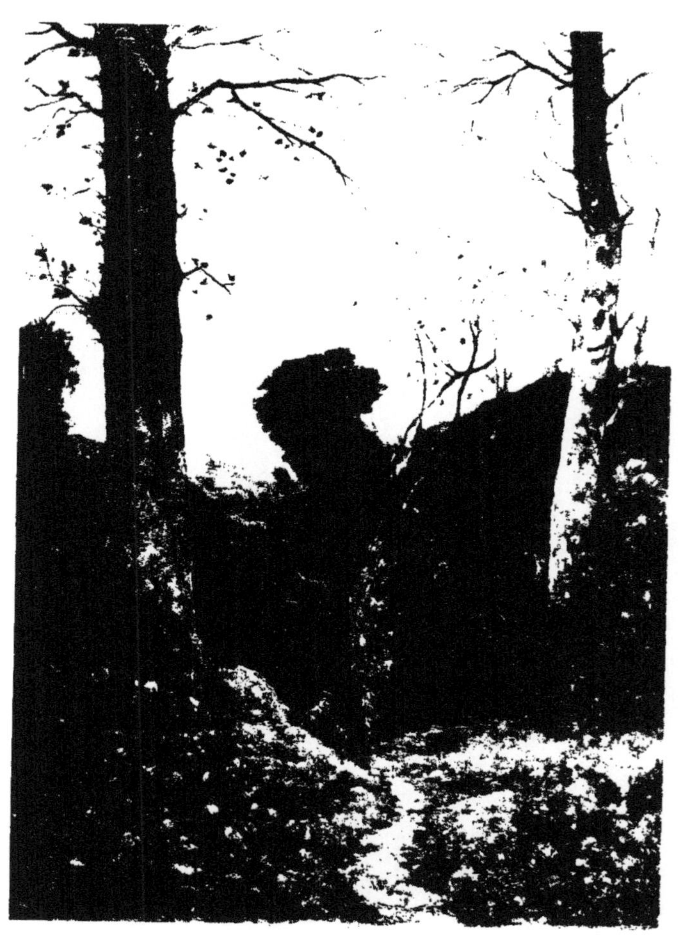

HARPIGNIES

11 — *Le Sentier creux dans la forêt.*

Au milieu, le sentier serpente entre les pentes
gazonnées que dominent des arbres géants. Une
paysanne s'avance un bâton à la main et vêtue d'un
caraco bleu et d'un bonnet rouge. Au fond, on aperçoit
d'épaisses frondaisons dont le mouvement indique un
sol fortement vallonné. Des clartés fauves illuminent
le ciel chaud.

Signé à gauche, en bas : *H. Harpignies, 1893.*

Toile. Haut., 81 cent. ; largeur, cent. 112

HENNER

12 — *Hérodiade.*

Elle est représentée debout, de trois quarts à gauche,
la tête tournée de face, le corps drapé de rouge, le bras
gauche, les épaules et la gorge nus : l'ombre de ses longs
cheveux noirs donne plus de mystère à ses yeux profonds et impassibles. De sa main gauche et de sa main
droite, dont on n'aperçoit que les doigts ployés, elle
retient le bassin de métal qu'elle avait ensanglanté de la
tête de Jean et qu'elle porte, sur le champ, le long de son
côté droit. Sa figure se détache sur un fond de ciel bleu
turquoise.

Signé à droite, en bas : *J.-J. Henner.*

Toile. Haut., 1 m. 04; larg., 65 cent.

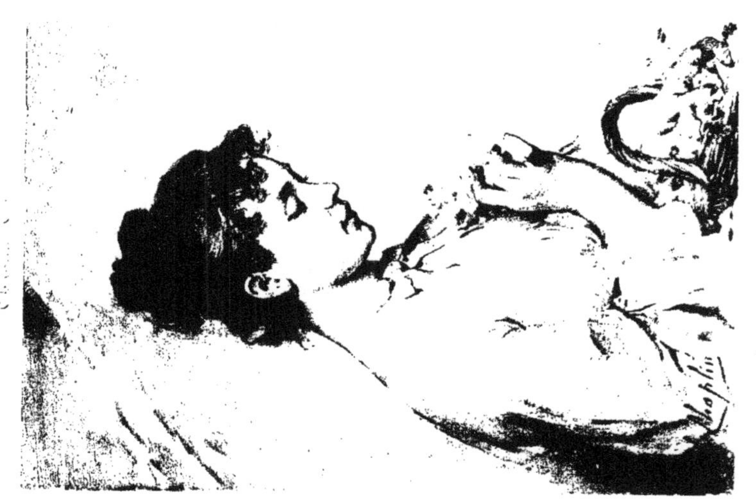

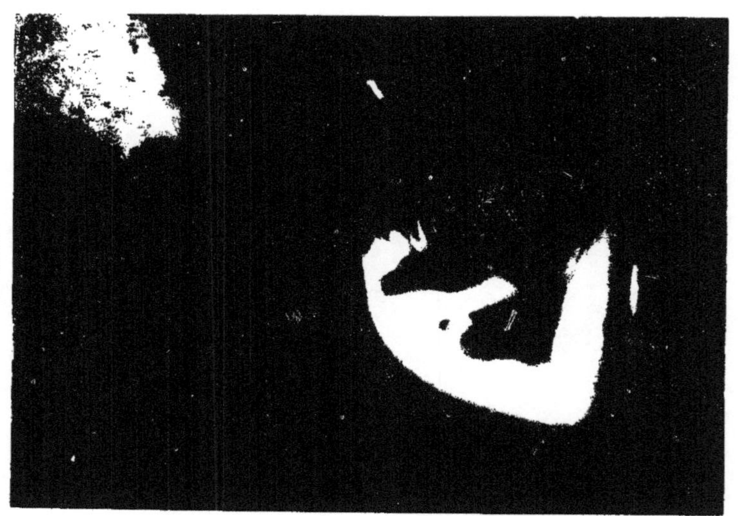

HENNER

13 — *La Nymphe qui pleure.*

Elle est vue de profil à droite, au fond d'un bois
sacré: agenouillée, elle cache sa tête dans ses mains et
pleure. Ses cheveux fauves tombent en tresses sur sa
nuque, puis sur son front et sa poitrine. Une belle lumière
dorée fait vibrer sa chair blonde. A droite, en haut, un
peu de ciel bleu turquoise.

Vers 1885, le sonnet suivant, dédié au maître,
accompagna une gravure d'après cette œuvre :

> — Tu pleures, dirent les buissons,
> Et ton cœur vierge se lamente :
> Écoute nos folles chansons,
> Pour fuir ta douleur inclémente.
>
> « — Tu pleures, ô nymphe charmante,
> Interrogèrent les moissons.
> Ta chair a d'étranges frissons :
> Quel mal inconnu te tourmente »
>
> Et la nymphe toujours pleurait,
> Et source, plaine, ni forêt
> N'ont lu dans cette âme discrète :
>
> Mais Écho trahit, le moqueur,
> L'amer secret de la pauvrette :
> Éros avait touché son cœur !

Signé à gauche, en bas : *J.-J. Henner.*

HUGUET

14 — *Arabes en caravane au bas de la montagne.*

Signé à gauche, en bas : *V. Huguet.*

Panneau. Haut., 45 cent.; larg., 57 cent.

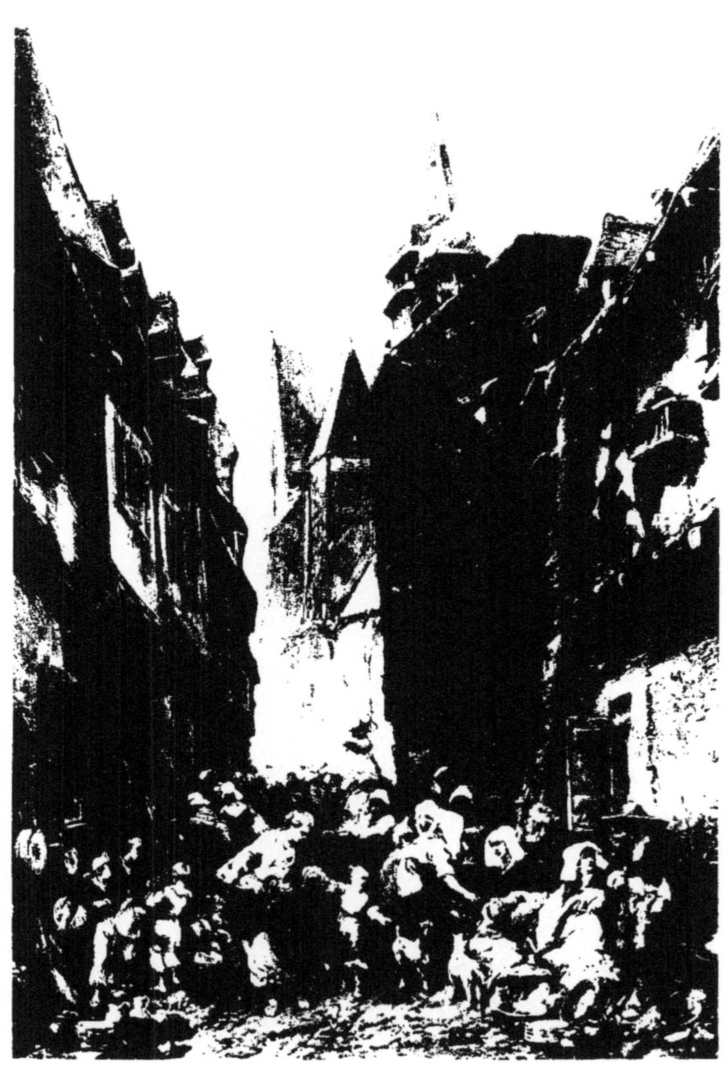

ISABEY

15 — *Le Marché.*

Dans une ruelle étroite de la vieille ville aux constructions où s'évoquent l'art des siècles disparus, les marchandes et les acheteuses emplissent la chaussée. C'est un grouillement extraordinaire de vie et de couleurs, sous une lumière où le soleil poudroie. Au fond, les murs d'une abbaye, tout illuminés de clartés et dont la fière silhouette se découpe sous un ciel d'azur; au-devant du ciel s'envole une longue nuée.

Signé à gauche, en bas : *E. Isabey, 53.*

Collection Forbes, de Londres.

ISABEY

16 — *Pendant la tempête.*

A gauche, la mer fait rage : les vagues pleines d'écume se soulèvent, furieuses, comme si elles voulaient aller combattre les nuées sombres qui chevauchent sous le ciel. A droite, sur la falaise, les femmes, les veuves de tout à l'heure peut-être, regardent l'horizon, entourées de leurs enfants épeurés. Au premier plan, une vieille s'aide d'une longue-vue pour mieux voir. A droite, dans le fond, on aperçoit la ville aux constructions groupées autour de l'église. Au premier plan, le peintre a représenté avec une exactitude voulue toutes sortes d'objets d'usage constant dans la vie maritime.

Signé à gauche, en bas : *E. Isabey, 1843.*

Toile. Haut., 65 cent.; larg., 92 cent.

Collection du duc de Narbonne.

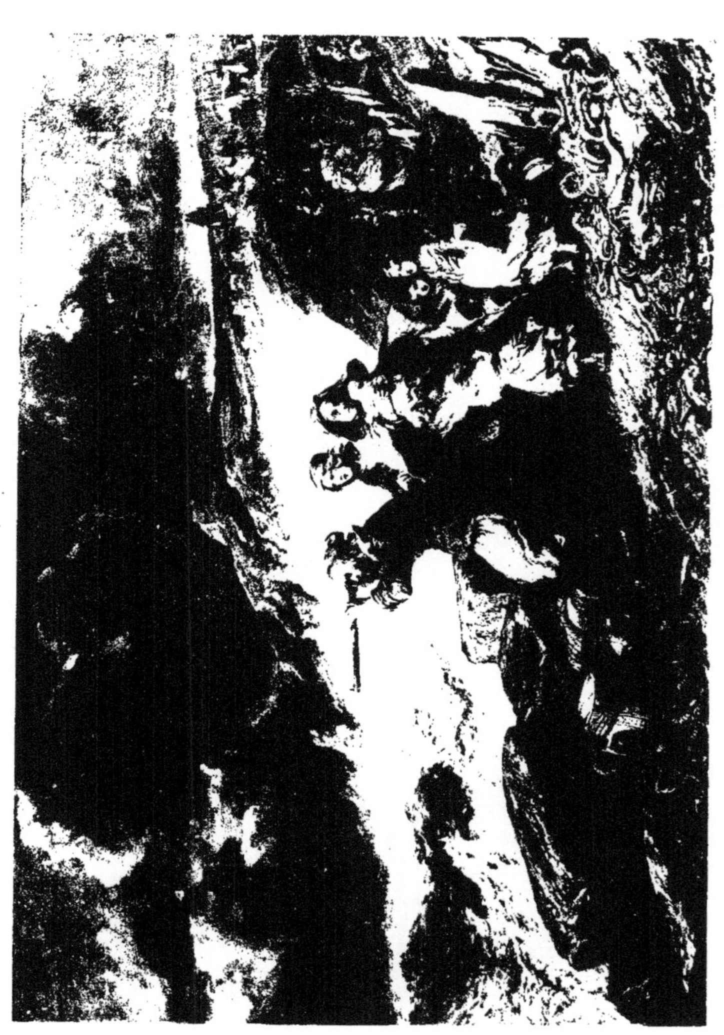

ISABEY

17 — *Le Duel.*

Dans la cour du château. les deux ennemis viennent de se battre. L'un a reçu une blessure mortelle: il est couché sur les dalles. tenant encore son épée à la main: l'autre a laissé son arme sur le sol et s'enfuit vers la droite. Mais un gentilhomme s'est précipité et. sans souci de son chapeau qui est tombé par terre. on le voit qui arrête le meurtrier. Au milieu. sortant d'une porte aux lourds verrous. une femme en falbalas jaunes et un homme habillé de rouge regardent avec stupeur le cadavre allongé au bas des marches. Deux chiens aboient. tournés du côté de l'homme qui cherchait à se dérober.

L'architecture du château est de style roman. avec. contre les murs, de lourdes ferrures et des armoiries. Sur un banc de pierre. à gauche. on aperçoit une cassette fermée.

Signé à droite. en bas : *E. Isabey, 68.*

Toile. Haut. 8 cent. larg. 66 cent. 1 2.

JACQUE

(CHARLES)

18 — *Bergère faisant paître son troupeau.*

Dans la campagne au sol vallonné, la bergère a con-
duit son troupeau de moutons : elle est debout à droite
presque de face, en jupe grise, tablier bleu et corsage
rosé ; elle abrite du soleil sa tête sous une coiffe blanche,
et elle tient de la main droite un bâton. Son chien noir,
aux pattes feu, est vu à gauche, attentif à ce que nulle
bête ne s'éloigne de la bergère. Le sol est émaillé d'herbe
verte et de fleurettes.

Derrière le troupeau, il y a un monticule planté
d'arbres au feuillage léger, et sur l'écorce desquels
la lumière promène des luisances argentées. Au fond,
on aperçoit, de l'autre côté d'une rivière, une chaîne
de collines sous un ciel largement ennuagé.

Signé à droite, en bas : *Ch. Jacque.*

Toile. Haut., 65 cent. 1 2 ; larg., 47 cent.

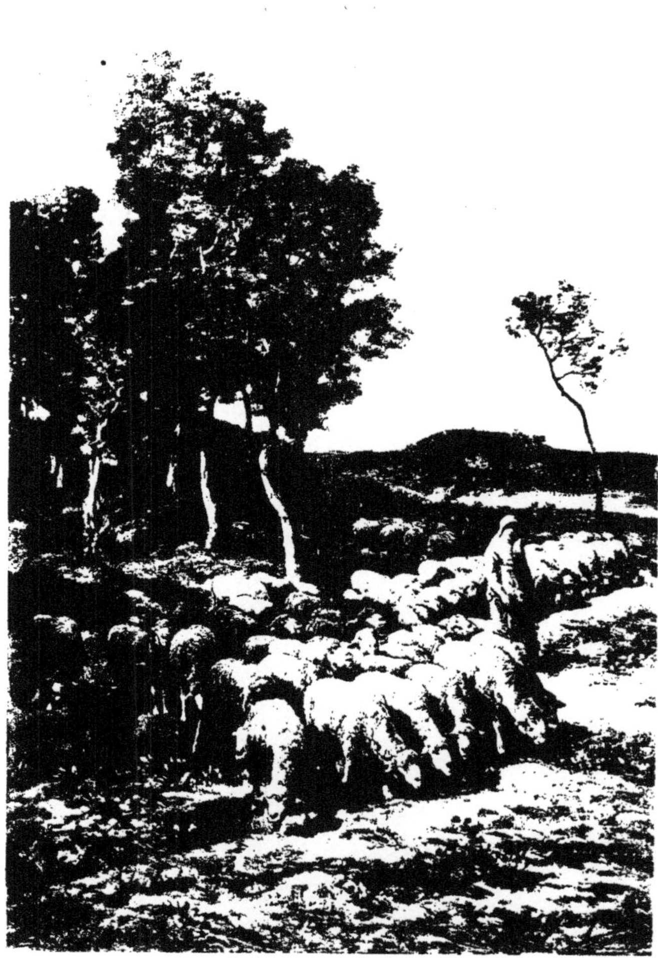

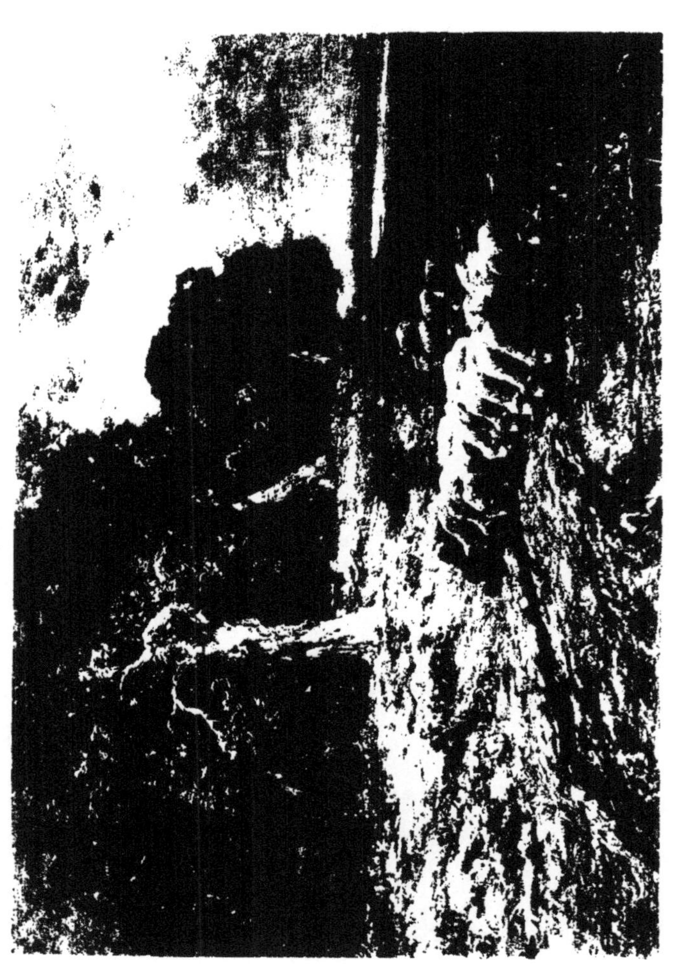

JACQUE

CHARLES

19 — *La Rentrée du troupeau.*

Le soir vient. A droite, au fond, de grands nuages
sombres obscurcissent déjà le ciel, qui met à la surface
de l'eau lointaine un reflet d'argent. Le long du sentier,
creusé de fondrières par la roue des tardiers, le berger
suivi de son chien noir ramène son troupeau de moutons. Les bêtes, sur trois rangées, marchent, flairant du
museau la terre où elles guettent une herbe appetis-
sante. Au fond, le sol se relève et, sur une manière de
plateau herbeux, des arbres très vieux dressent leurs
troncs noueux et leurs branches torturées où les sèves
font s'épanouir de belles frondaisons, abriteuses de nids.

Signé à gauche, en bas : *Ch. Jacque*.

Toile. Hauteur, ... centim.; largeur, ... centim.

JACQUE
(CHARLES)

20 — *L'Agneau et la Brebis.*

Au pied d'un arbre, la brebis, de profil à gauche, lève
la tête vers une branche dont les feuilles la tentent,
tandis que, fouillant dans ses laines grasses, un agneau
est en train de la téter. Autour d'elle, d'autres moutons
sont en train de paître l'herbe drue, tandis que la bergère, en caraco rouge et bonnet blanc, apparaît couchée
au sommet d'un pli de terrain. Dans le ciel, de lourds
nuages promènent des menaces d'orage.

Signé à gauche, en bas : *Ch. Jacque.*

Toile. Haut., 46 cent. 1 2; larg., 39 cent.

JONGKIND

21 — *Boulevard de Port-Royal, à Paris.*

C'est là un coin de Paris qui a disparu et dont nous
avons, grâce au maître, un souvenir précis.

A droite, les vieilles maisons s'alignent et le trottoir
large est bordé d'une rangée d'arbres. Au milieu, la
chaussée large, vivement éclairée, est occupée par un
fardier attelé de quatre chevaux. A gauche, le sol en
réparation présente quelques amas de pierres ; une
rangée d'arbres dresse vers le ciel nuageux ses panaches
feuillus et, derrière cette rangée d'arbres, plus loin que
des terrains vagues, on aperçoit des constructions dis-
persées.

Signé à droite, en bas : *Jongkind, 1877.*

Toile. Hauts. 42 cent., larg. 57 cent.

Derrière la toile on lit sur le châssis, de la main même du maître : *Le
nouveau boulevard du Port-Royal en construction ; à gauche, le vieux Mouffe-
tard, Saint-Marcel. Au fond, la route de Fontainebleau.*

JONGKIND

22 — *Vaisseaux à l'ancre dans le port.*

Au premier plan, l'eau agitée de mille petites vagues sur les facettes desquelles jouent les reflets du ciel blond ennuagé de blanc. Puis, en partant de la gauche, des vaisseaux aux grands mâts et aux larges voiles, à l'ancre le long du quai. Derrière les mâts, on aperçoit des rangées d'arbres aux frondaisons estivales au-dessus desquelles se silhouettent quelques toitures de maisons. A droite, un voilier à flamme rouge s'éloigne et, derrière lui, on aperçoit la ligne de la côte sur laquelle se dresse un moulin.

Signé à gauche, en bas : *Jongkind.*

Toile. Haut., 42 cent.; larg., 56 cent.

JONGKIND

23 — *Maisons au bord de l'eau.*

A droite, la rive est plantée de grands arbres et porte la construction trapue d'une maison à hautes cheminées et à coiffure de tuiles rouges. A gauche, l'autre rive est également occupée par des constructions et des arbres. Au premier plan et au milieu, la rivière coule fermée par une étroite écluse que domine une passerelle. Vers la droite, un train de bois flotte à la surface de l'eau. Dans le courant, le ciel clair que marque un vol d'oiseaux met de beaux reflets frissonnants et profonds.

Signé à gauche, en bas : *Jongkind. 1863.*

Toile. Haut., 41 cent.; larg., 65 cent.

JONGKIND

24 — *Environs de Nevers.*

A gauche, un chemin qui passe au milieu d'une double
haie et qui se resserre au fond à l'endroit où s'entasse
de constructions. A droite, au fond également, plus loin
qu'un champ, on aperçoit les constructions de la ville
dominées par la cathédrale. Sur le chemin, on aperçoit
deux figures. Le ciel est clair avec quelques nuages.

Aquarelle sur papier blanc.

Signé à gauche, en bas : *Jongkind*, et daté : Nevers,
17 mars 1871.

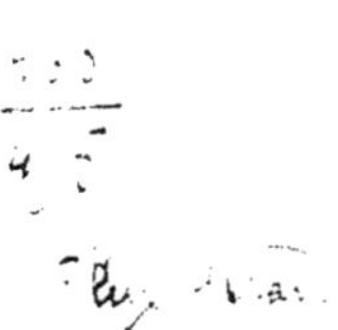

JONGKIND

25 — *La Campagne aux environs du château de Virieu.*

Au premier plan, un grand pré où une bergère fait
paître ses bêtes, puis au fond le creux d'une vallée, puis,
plus loin, une chaîne de collines aux cultures diverses
et au flanc de laquelle s'élève le château... Dans le ciel, de
grandes nuées passent au devant de l'azur.

Aquarelle.

Signé à gauche, en bas : *Jongkind*, 21 oct. 1877.

LAURE

JULES

26 — *Jeune femme au bord d'une avant-scène.*

Signé en bas : *Jules Laure.*

T. de. Haut., 74 cent.; larg., 60 cent.

LÉPINE

27 — *Bateaux amarrés dans le bassin.*

Au premier plan, l'eau; puis, les travaux d'art qui enserrent le bassin; et, le long de ces travaux, des bateaux, sloops de pêche, aux mâts élevés ou steamers aux cheminées basses sont amarrés.

A droite, un homme debout manœuvre sa barque en godille. Autour du bassin, le long des quais, c'est l'énorme entassement des maisons de la ville, dominées à gauche par un clocher d'église. Ciel gris, au-devant duquel planent des nuages diaphanes.

Signé à droite, en bas : *S. Lépine.*

T. de. Haut., 37 cent.; larg., 28 cent.

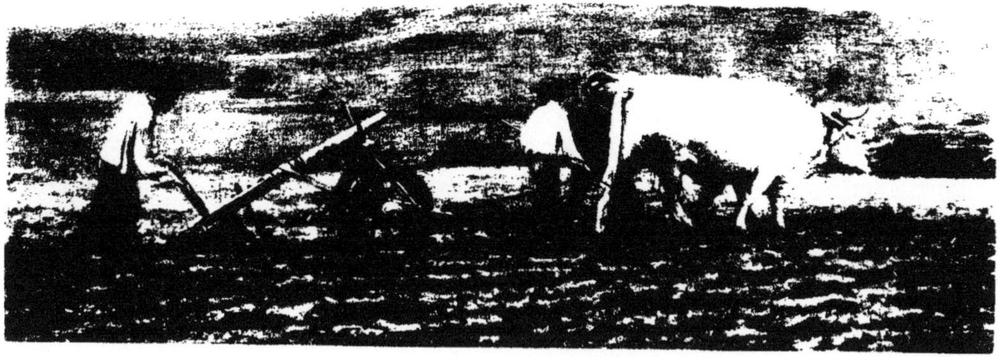

LHERMITTE
(LÉON)

28 — *Le Labour.*

Dans le champ, au sol plat, un attelage de deux bœufs,
l'un blanc et l'autre isabelle, vus de profil, tirent le long
du sillon la charrue dont le soc déchire le sol. Un gamin
en pantalon bleu et chemise blanche guide les bêtes ; le
vieux laboureur en blouse bleue et pantalon sombre
maintient la charrue dans la terre. Au fond, le sol se
relève légèrement ; une ligne de lumière marque l'horizon
sous un ciel gris où passe un vol d'oiseaux.

Signé à droite, en bas : *Léon Lhermitte.*

MARAIS

ADOLPHE

29 — *L'abreuvoir.*

En avant d'un bois, les vaches sont entrées dans le marais jusqu'à mi-jambes et prennent le frais. Au milieu, l'une est vue de profil à droite et elle est entourée d'autres bêtes qui apparaissent, soit de face, soit de dos.

Dessin au fusain et crayon sur papier mais.

Signé à droite, en bas : *Ad. M.*

Haut., 85 cent. 1/2 ; larg., 72 cent.

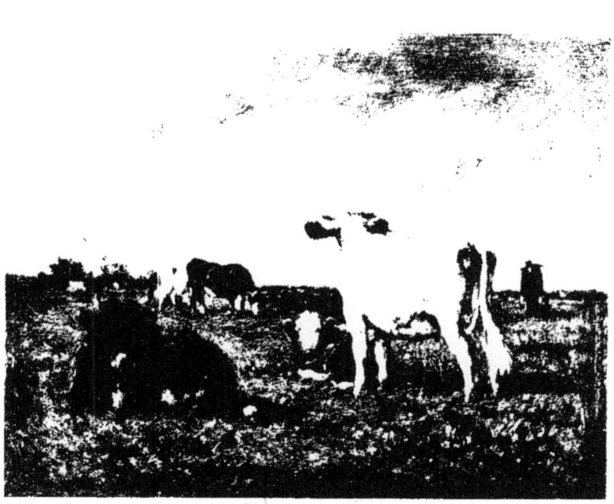

L'heure de la tombée

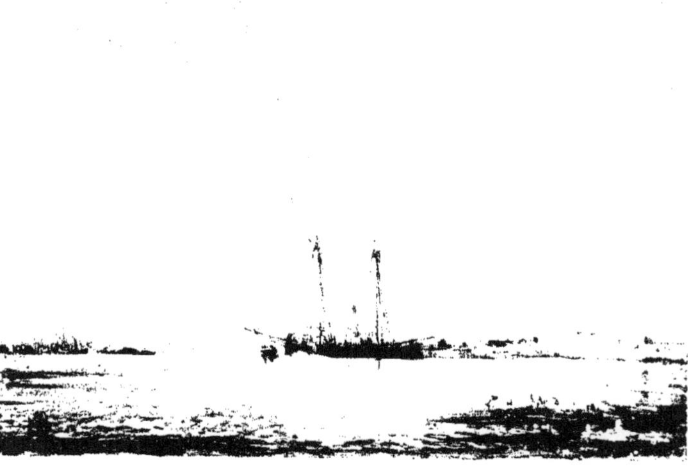

VAN MARCKE

30 — *L'heure de la traite.*

Dans le pâturage, les vaches sont au vert. L'une
blanche, vue de trois quarts à gauche et de croupe, se
tient debout. Devant elle, une autre de couleur isabelle
est couchée, ainsi qu'une troisième qui occupe la gauche
et dont le pelage est brun. Au fond, du même côté,
on en aperçoit d'autres debout qui sont en train de
paître. Au fond, à droite, voici venir la fermière qui
porte, à l'aide d'un joug sur les épaules, les seaux qu'elle
va emplir du lait de la traite.

Ciel gris avec des nuages abondants.

Signé à gauche, en bas : *L.-V. Van Marcke.*

Panneau. Hauteur : cent. Largeur : cent.

Collection Murietta, de Londres.

MONTICELLI

31 — *Danse féerique.*

Au fond du bois, Méphisto fait danser un coq, tandis qu'une jeune fille en atours de fête, robe claire et corsage décolleté, rythme le pas à l'aide d'un tambour de basque. Trois groupes d'enfants nus regardent le coq avec stupéfaction. Au fond, entre les branches, on aperçoit un ciel clair. Les figures du premier plan sont vivement éclairées et se détachent sur un décor de frondaisons mordorées.

Signé à gauche, en bas : *Monticelli.*

Haut., 45 cent.; larg., 65 cent. 1 2.

PERRET

32 — *Vue de Menton. Principauté de Monaco.*

Signé à gauche, en bas.

Toile. Haut., 25 cent.; larg., 45 cent. 1 2.

PERRET

33 — *Vieil Antibes.*

Signé à gauche, en bas, et daté : *1889.*

TASSAERT

OCTAVE

34 — *Bethsabée au bain.*

L'épouse d'Urie est assise mollement sur des coussins. Une esclave noire aidée de deux amours soulève les voiles qui dérobaient encore sa beauté nue. Elle-même, de ses deux mains aux gestes élégants, se plaît à de si capiteuses indiscrétions que justifient les ablutions prochaines dans la fontaine, dont on voit à droite l'eau réfléchir l'azur du ciel. Au fond, sur la terrasse d'un palais, le roi David, les bras écartés, manifeste, au spectacle de tant de grâce, un enthousiasme violemment ému.

Signé au milieu : *O. C. T. Tassaert, 1858.*

Collection Reitlinger.
Exposition de Bordeaux 1861.
Exposition centennale de l'art français 1889.

TASSAERT

OCTAVE

35 — *Une Ame d'enfant s'envolant au ciel.*

L'enfant est vêtu d'un linceul bleu : ses yeux se sont
clos pour le grand voyage de l'infini. Il dort, calme et
reposé ; mais voici qu'une troupe d'anges aux petites ailes
blanches l'emporte à travers les continents de nuées,
jusqu'au ciel où s'allume une aurore d'éternité.

C'est l'âme d'un petit enfant
A qui de célestes phalanges
Font un cortège triomphant
Pour le ramener chez les anges...

L'heure qui sonne son trépas
Est celle où Dieu le fait renaître,
Et l'enfant ne s'aperçoit pas
Du frisson froid qui le pénètre.

Que lui font ces yeux obscurcis
Qui pleurent sa fuite rapide ?
Le *Gloria in excelsis*
Éclate en son âme limpide !...

Signé à droite, en bas : *Octave Tassaert, 1858.*

Panneau. Haut., 10 cent. 1/2 ; larg., 8 2 cent.

TASSAERT

OCTAVE

36 — *Le Rêve de la jeune fille.*

A l'ombre des feuilles, dans la chaleur d'un jour d'été, la jeune fille en costume noir et guimpe blanche s'est couchée sur l'herbe tiède : elle dort, et voici que dans son sommeil un rêve vient flotter en son cerveau virginal. Elle se voit assise dans un jardin fleuri, toute vêtue de blanc comme les fiancées et défendant ses épaules nues contre les baisers troublants d'une troupe d'amours nus et joufflus, qui voltigent autour d'elle, les mains chargées de guirlandes fleuries. Et dans son rêve, elle se voit innocente et joyeuse de cette ivresse encore irrévélée.

Au fond, sous les branches, on aperçoit un pan de ciel d'azur.

Signé à droite, en bas : *O. Tassaert, 1854.*

Collection Alexandre Dumas fils.

ZIEM

37 — *A la Sortie du Grand Canal.*

Le peintre a représenté l'Adriatique, à l'endroit où l'on sort du Grand Canal. Un bateau, vu par le travers, réfléchit ses larges voiles blanches dans l'eau bleue. Au premier plan, à droite, des oiseaux aquatiques lissent leurs plumes sur un banc de sable. Au fond, du même côté, on aperçoit des constructions coiffées de tuiles rouges. A gauche, une gondole va passer devant toute une flottille de vaisseaux à l'ancre. Le ciel est tout d'azur vêtu.

Signé à gauche, en bas : *Ziem.*

Toile. Hauteur : 48 cent.; largeur : 64 cent.

ZIEM

38 — *Santa Maria della Salute.*

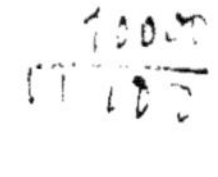

Au premier plan, sur l'eau bleue du canal, un gondolier manœuvre son embarcation. A droite, il y a des trabaccos aux voiles roses; à gauche, une barge sur laquelle des personnages sont assis, puis des vaisseaux à l'ancre. Au fond, presque au milieu, on aperçoit, dans le ciel d'azur, les dômes de l'église Santa Maria della Salute, dominant les constructions de briques qui l'entourent; vers la gauche, ce sont encore des bateaux à l'ancre, puis, au loin, des barques aux voiles qui s'illuminent de clarté sur la profondeur de l'horizon.

Signé à gauche, en bas : *Ziem*.

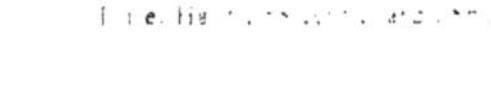

9 782329 520063